Tecnología militar

ARMAS MILITARES

JULIA GARSTECKI

BLACK
RABBIT
BOOKS

Bolt es una publicación de Black Rabbit Books
P.O. Box 3263, Mankato, Minnesota, 56002.
www.blackrabbitbooks.com
Copyright © 2018 Black Rabbit Books

Marysa Storm, editora; Michael Sellner, diseñadora;
Omay Ayres, investigador fotográfico
Traducción de Victory Productions, www.victoryprd.com

Información del catálogo de publicaciones de la biblioteca del congreso
Names: Garstecki, Julia, author.
Title: Armas militares / por Julia Garstecki.
Other titles: Military weapons. Spanish
Description: Mankato, Minnesota : Black Rabbit Books, [2018] | Series: Bolt.
 Tecnología militar | Includes bibliographical references and index. |
 Audience: Grades 4-6. | Audience: Ages 9-12.
Identifiers: LCCN 2017006372 | ISBN 9781680725841 (library binding)
Subjects: LCSH: Military weapons--Juvenile literature.
Classification: LCC UF500 .G3718 2018 | DDC 623.4--dc23
LC record available at https://lccn.loc.gov/2017006372

Impreso en los Estados Unidos de América

Créditos de imágenes

Airforce.mil/photos: Staff Sgt. Lealan Buehrer,
12–13; Airforce.mil/photos / Wikimedia.org:
Senior Master Sgt. John S. Chapman, 15 (superior);
Alamy: U.S. Navy, 16; Xinhua, 19; Army.mil/photos: Pfc.
Gary Silverman, 1; Seth LaCount, 32; Spc. Patrick Kirby, 3;
Timothy L. Hale, 4–5; Dreamstime: fmua, 11 (fondo); Getty
Images: JACK GUEZ, 25 (lanzamiento de misil); MENAHEM
KAHANA, 23; http:// russiancouncil.ru/: Desconocido, 20;
https://www.defense.gov/ Media/Photo-Gallery: U.S. Air Force,
14; https://www.dvidshub. net/image / Wikimedia.org: Abigail
Waldrop, 24–25 (cohete y fondo), 29; http://www.peosoldier.
army.mil/ Wikimedia. org: Nemo5576, 28; Navy.mil/photos,
Alexander Tidd, 10–11; Navy.mil/photos / Wikimedia.org, John
F. Williams, 26–27; Shutterstock: adamziaja.com, 9; Alexyz3d,
25 (explosión); Colin Hutchings, 11; CreativeHQ, 31; Przemek
Tokar, Portada; Wikimedia.org, U.S. Army, 6; Wikimedia.
org, U.S. Air Force, 15 (inferior); NatanFlayer, 22
Se ha hecho todo esfuerzo posible para establecer
contacto con los titulares de los derechos de
autor del material reproducido en este libro.
Cualquier omisión será rectificada en
impresiones posteriores previo
aviso a la editorial.

CONTENIDO

CAPÍTULO 1

Armas en acción...... 4

CAPÍTULO 2

Armas que cargan
los soldados.......... 8

CAPÍTULO 3

Bombas y misiles..... 14

CAPÍTULO 4

Sistemas de defensa .. 22

CAPÍTULO 5

Las armas del futuro .. 26

Glosario........... 30

Índice............. 32

Armas en ACCIÓN

Una mujer soldado apunta su fusil.
Luego presiona el gatillo. Pero nada
sucede. El fusil ha tomado el control.

El fusil tiene instalada una
computadora. La computadora mide la
distancia y comprueba la velocidad del
viento. Cuando el fusil sabe que puede
darle al blanco, se dispara.

La selección del arma correcta

Los soldados usan muchos tipos de armas. Algunas se usan contra enemigos cercanos. Otras son de largo **alcance**. Los soldados deben estar preparados para usar las armas adecuadas para cada trabajo.

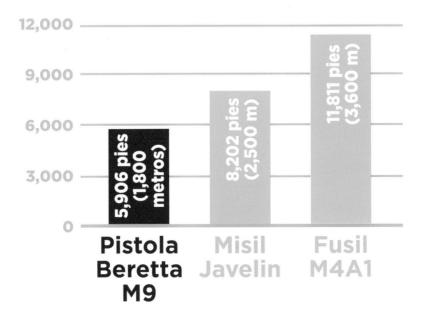

Alcance máximo de un arma

	5,906 pies (1,800 metros)	8,202 pies (2,500 m)	11,811 pies (3,600 m)
	Pistola Beretta M9	Misil Javelin	Fusil M4A1

Escala vertical: 0, 3,000, 6,000, 9,000, 12,000

CAPÍTULO 2

ARMAS

que cargan los soldados

El M4A1 es un fusil con muchos usos. Las piezas del fusil se pueden cambiar. Empieza como un fusil, pero se puede convertir en una **carabina**. También se puede convertir en un lanzador de **granadas**. El M4A1 tiene un rango amplio. Los objetivos pueden estar cerca o lejos.

La Fuerza de Operaciones Especiales de la Marina de Estados Unidos (Navy SEAL, por sus siglas en inglés) usa el M4A1.

EL M4A1
en números

950
BALAS POR
MINUTO

MÁXIMA
VELOCIDAD
PARA DISPARAR

14.5 PULGADAS
(37 CENTÍMETROS)
longitud del cañón

6.5
LIBRAS
(3 KILOGRAMOS)

PESO DEL M4A1

1,640 A 11,811 PIES
ALCANCE (500 A 3,600 M)

Frío o caliente

La M9 funciona cuando hace mucho calor o mucho frío. Puede disparar a temperaturas que van de -40 a 140 grados Fahrenheit (de -40 a 60 grados centígrados).

La Beretta M9

La M9 es una pistola pequeña. Pesa unas 2 libras (1 kg), pero tiene una gran potencia. La pistola dispara balas a unos 1,200 pies (366 m) por segundo. También es resistente a los maltratos. La pistola puede seguir disparando después de ser enterrada en la nieve o en la arena. Se puede dejar caer muchas veces y, aun así, seguirá funcionando.

CAPÍTULO 3

Bombas y MISILES

A veces los ejércitos tienen que atacar grandes áreas. En esos casos, usan bombas.

Las bombas de **racimo** son recipientes llenos de pequeñas bombas. Las bombas pequeñas se llaman submuniciones.

Los aviones lanzan estas bombas. A medida que caen las bombas, los recipientes se abren. Una lluvia de submuniciones cae a tierra.

Cómo funcionan las
bombas de racimo

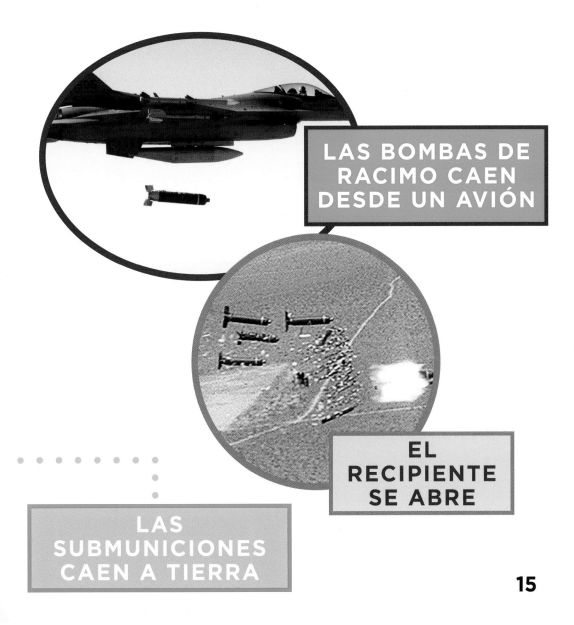

LAS BOMBAS DE RACIMO CAEN DESDE UN AVIÓN

EL RECIPIENTE SE ABRE

LAS SUBMUNICIONES CAEN A TIERRA

Los misiles de **crucero** vuelan cerca del suelo. Son difíciles de detectar con **radar**. Estos misiles pueden ser usados en ataques sorpresa.

Misiles de crucero

Los misiles de crucero son bombas dirigidas. Tienen computadoras a bordo que les indican adónde deben dirigirse. Los sistemas examinan el terreno mientras los misiles vuelan y se aseguran de que los misiles mantengan su ruta. Algunos misiles usan cámaras para asegurarse de dar en el blanco. Otros usan **sensores** de calor.

Misil antitanque Javelin

Los Javelin son misiles de "dispara y olvida". No necesitan ser dirigidos. Antes de ser lanzados, los misiles localizan el blanco. Cuando son disparados, estas armas se guían por sí mismas. Los soldados solo tienen que apuntar y disparar.

Los Javelin se usan contra tanques y camiones. También pueden destruir edificios pequeños.

Distancia que alcanza un ICBM

R-36M (RUSIA)

DF-5A (CHINA)

UGM-133 (ESTADOS UNIDOS)

R-29RM (RUSIA)

millas 0

Misiles Balísticos Intercontinentales (ICBM)

Hay un tipo de misil que le gana al resto. Es el ICBM, por sus siglas en inglés. Estos misiles son muy poderosos. Recorren miles de millas de distancia. Estas armas de largo alcance están impulsadas por un motor cohete.

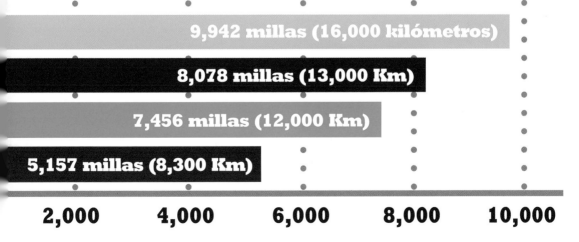

9,942 millas (16,000 kilómetros)

8,078 millas (13,000 Km)

7,456 millas (12,000 Km)

5,157 millas (8,300 Km)

2,000   4,000   6,000   8,000   10,000

CAPÍTULO 4

SISTEMAS
de defensa

Muchos países usan sistemas de **defensa** para protegerse. Estos sistemas usan radares para detectar cohetes enemigos. Luego el país dispara misiles. Los misiles destruyen los cohetes enemigos.

EL SISTEMA DE DEFENSA DOMO DE HIERRO

El Domo de hierro defiende al país de Israel.

SE LANZA UN
cohete

UN
RADAR
DETECTA EL
COHETE

PASO 1

PASO 2

SE DISPARA UN **misil** AL COHETE

EL **MISIL** EXPLOTA CERCA DEL COHETE

EL **cohete** ES DESTRUIDO

PASO 3

CAPÍTULO 5

Las armas del

FUTURO

Los militares trabajan para mejorar sus armas. También fabrican armas nuevas.

El ejército de los Estados Unidos está trabajando en armas láser. Los láser son rayos de luz concentrados que producen daños al calentar rápidamente el blanco. Estas armas son rápidas y potentes. A diferencia de los misiles, el láser es silencioso. De hecho, el láser no hace ningún ruido. El láser también es más barato que los misiles.

Más rápidas y potentes

A medida que la tecnología mejora, también progresan las armas. Se vuelven más rápidas y más poderosas. Los soldados aprenden a usar estas nuevas armas y las usan para proteger su país.

GLOSARIO

alcance — distancia a la que puede llegar un arma

carabina — arma de hombro con un cañón liso que se usa para disparar a corto alcance

crucero — que se mueve a una velocidad estable y fácil de controlar

defensa — algo que se usa para proteger a alguien o a algo de un ataque

fusil — arma de hombro con un cañón estriado

granada — una bomba pequeña

pistola — arma de fuego pequeña cuya corredera es parte del cañón

racimo — grupo de cosas que están juntas

radar — aparato que envía ondas de radio para hallar la ubicación y velocidad de un objeto en movimiento

sensor — aparato que detecta el calor, la luz, los sonidos, el movimiento y otras cosas

ÍNDICE

B

bombas de racimo, 14–15

D

Domo de hierro, 24–25

F

fusiles M4A1, 1, 7, 8, 9,
   10–11

L

láser, 26

M

Misiles Balísticos
   Intercontinentales
   (ICBM), 20–21
misiles de crucero, 16, 17
misiles Javelin, 7, 18

P

pistolas M9 Beretta, 7, 12, 13

S

sistemas de defensa, 22,
   24–25